JN410015

국립중앙도서관 출판시도서목록(CIP)

푸카키 호수의 침묵 : 박경림 시집 / 지은이: 박경림. -- 대전 : 지혜, 2012
p. ; cm. -- (지혜사랑 ; 071)

ISBN 978-89-97386-37-6 03810 : ₩10000

한국 현대시[韓國 現代詩]

811.7-KDC5
895.715-DDC21 CIP2012005703

지혜사랑 071

푸카키 호수의 침묵

박경림

시인의 말

모든 사물과 현상이 말이 되는
이 놀이터에서
나는 자꾸 길을 잃는다

그 속에서 섬광처럼 지나가는
이 한순간

나는 또 다른 문 앞에 서 있다

2012년 12월
박경림

차례

2부 밀회

3부 고별

4부 바벨의 도서관에서 告하다

1부

푸카키 호수의 침묵

푸카키 호수의 침묵

푸카키 호수
가만히 들여다 본다
만년설이 밀려와도 기포 하나 일지 않는다는 곳

하늘이 내려와 둥지를 틀었다
죽어도 행복한 양떼와 젖소와
녹지를 기웃거리는 사슴들

아름다움은 저리 서럽다
눈이 부시다

매달리다

북한산 상상봉에 소나무 한 그루 서있다
큰 바위 금간틈에 척하니 다리를 걸치고
겨울의 끝 얼음 꽃을 꽉 잡고 있다

발치에 구름이 매달려 있다

한 마을이 매달려 있다

마디마디 노곤해지는 몸을 붙들고
저 얼음 꽃이 매달려 있다

저 옹고집들!

아찔하다

꽃잎

벚꽃 잎들이 날아간다
제 그늘보다 멀리 간다

추위, 채 가시기도 전에
서둘러 봄물 들여놓더니
골수까지 차곰차곰 채워놓더니
어수선하게 고개 내밀더니
흐드러지더니
와르르 무너지더니

간다
연분홍 아직 남아 있는데
짧게 스친 분내 아직 남아 있는데

간다
분내가 간다

봄비같이 1

호랑가시나무 위에서

꼬물꼬물 살을 가르며

또르륵 또르륵

물길을 내며

우르르 쾅쾅, 으름짱을 놓으며

저 높은 곳에서

단체로

흐느적거리며

실같이 가는 물의 몸들이 오고 있다

봄비같이 2

저 죽을 줄 모르고 한 걸음에 뛰어내리는
세월아 네월아
어딜가니?

촐싹촐싹
오락가락

어딜 가니?

꾸물꾸물
화르르륵

어딜가니?

유화

반투명 유리에서 투명 유리로 창을 바꿔달고난 날
먼저, 단풍 무리를 앞세우고 앞산이 왔다

상수리나무를 데리고
늙은 회나무를 데리고 앞산이 왔다

개미들이 한 줄로
유리 속의 산허리를 잡고 꼼짝 않는다

뒤뚱뒤뚱 따라가다 떨어지는 놈
악착 같이 줄을 서는 놈
먹이를 입에 물고 놓지 않는 놈
산허리에 일렬로 띠를 두르고
하늘 쪽으로 간다

앞산은 꿈쩍하지 않는다
하늘도 꿈쩍 않는다

끈달린 지구

할머니는 지금 고무줄 안경 쓰고 거실에서 독서중이다
고함을 질러야 겨우 알아듣는 할머니는 이제
듣는 세상을 포기하고 보는 세상에 열중이시다

먼저 보낸 영감님 유물이라고
알만 동그랗게 남은 안경을
까만 고무줄로 칭칭 묶어 보는 세상

신문을 볼 때 할머니는
그것을 목표물에 바짝 들이대고
이리저리 비춰가며 치부를 들춰낸다

졸며 깨며
장화홍련뎐 심청뎐 삼국지 태백산맥까지
그 속에서 어른거리는 그녀의 세상

그 속에 사랑방에 동네사람 모아놓고

등잔불 앞에 얘기책을 들이대며
낭랑하게 읽어주던 할아버지의 목소리도 있다

그녀는 지금 그 너머로
고래힘줄 같은 세상을 개관하고 있는 것이다
쉿! 잠든 할머니 머리맡을 걸을 때는
안경을 조심해야 한다
팔천 년도 더 된 세상이 그 속에 있다

겨울나무와 소년

그때 나는 닭 두 마리를 팔아 장만한
운동화를 신고 뛰었죠

비쩍 마른 다리로
들판을 가로질러 구름을 넘어 하염없이 뛰었죠
발바닥에는 양을 팔고 닭을 팔아
끝없는 사막을 걸어오는
어머니의 주린 배가 철썩 붙어 있었죠
나는 아버지를 팔아 운동화를 사고
아버지의 아버지를 팔아 마라톤을 사고
깜짝 우승을 샀던 거죠
아아, 여기는 뜀박질만 잘해도 부자가 되는 나라
무타이*처럼 아름다운 나이로비

나의 소원은 그저
어머니 아버지 동생들의
밥이 되는 것

집이 되는 것

흙집 바닥에 수수깡 같은 몸을 누이면
벌거벗은 들판이 산이 닭들이 양들이 뛰어다녔죠
어머니의 어머니가 아버지의 아버지가
주린 배를 움켜쥐고 뛰어다녔죠

* 무타이 : 춘천 마라톤 4연패로 많은 상금을 타서 부자가 된 케냐의 마라토너.

도지

이따금 산짐승이나 다녀가고 새들이나 다녀가는
나무꾼 지게꼬리만한 산밭을 도지로 얻었다고 했다
달팽이 뼈와 염소의 뿔을 두엄으로 한 흙은 기름졌다고 했다
바람 불 때 마다 짐승 비린내가 났다고 했다

어린 아들을 전장에 보낸 여인은
산새 우는 소리가 아들의 넋이 와 우는 것 같아 통곡했다고 했다
햇고사리 순 같은 애기속에서
도랑물 흐르는 소리가 났다

감자의 뿔

감자 눈에 뿔났다

보이는 대로 가만 안 두겠다는 눈치다

묵밭 한갓진 구석에 이랑을 치고 묻어주었다

감자는 여름내 진한 자주빛 꽃을 피웠다

공원 길 2

소리가 놀러왔다
이어폰을 타고 왔다

구절초 꽃에 잠깐 앉았다가
날아가는 왕팅이 벌 소리로 갔다
칡넝쿨에 납작 붙은 파리 소리로 갔다
흥얼흥얼 어린양으로 갔다

소리는
공원길을 막무가내로 내닫다가
달려오는 아이와 박치기 하는 소리로 갔다

윙! 지지지 …

그리고
조용했다

풀씨

시멘트 바닥이면 어떠냐 피 터지게 뿌리내려라

스치는 바람이면 어떠냐 먼저 드러누워라

오가는 신발들에 이겨져도 그저 버텨라

밤이면 쥐어뜯긴 머리칼 같은 어둠을 다독이며

혼자 웃어라
울어라

오오 풀씨여

따비밭 고랑 하나

따비밭 고랑 하나 옹골차게 가져 보지 못한 그가 감자 같이 야문 여자를 만났다

화전민으로 몇 년이고 떠돌다가 정착한 산에 두더지 굴 같은 움막을 짓고,

그 둘레에 자갈을 고르고 풀 반 곡식 반인 텃밭을 만들었다 씨를 뿌렸고

종자도 얻었다

십 남매 중 아들만 다섯을 잃고 반타작 농사로 오 남매를 두었다

그들은 기차 없이도 어디든 갔다 등걸 잠뱅이 한 벌에 호미 곡괭이 삽 자루를 잡고 갔다 왕골 돗자리를 만들어 팔며, 황소 등에 땔나무를 싣고 삼십리나 되는 장에 내다 팔며 부지런히 갔다 탁배기 잔 부딪치는 소리가

들리는 주막집 앞을 마른 입맛을 다시며 헛기침을 하며 빠르게 지나쳤다

키가 크고 몸집이 커져 문설주에 이마를 부딪치는 일이 많아진 오 남매는

거적 같은 움막을 남겨놓고 따비밭 고랑을 떠나갔다
인삼찻집 마담을 따라갔고, 사우디아라비아 사막의 모래바람을 따라갔고
아들을 못 낳는 죄를 칠성님 산신님께 떡시루같이 빌며 갔고 제 짝을 찾아 찍소리 없이 살면서 멀어졌다

그들을 한 곳으로 모으는 일은 경제개발보다 더 어려운 일
그들을 한 곳으로 모으는 일은 새마을 운동보다 더 복잡했던 일

올 여름 열대야 속에 꽃상여를 타고 96년 동안 미뤄둔 또 하나의 움막이
들어섰다
땀을 뻘뻘 흘리며

봄이 떴다

발바닥 공원*이 수런거린다
두런두런 지나가는 노인의 성근 머리에 겨울이 얹어간다
산수유가 노랗게 인사를 한다 그래,
맘껏 눈부셔라
무더기로 널려있는 매화야, 철쭉아
멀리 비켜있는 수국아
그 옆에서 배알이 꼬여있는 고양이야…

도화살 역마살 온갖 살들이
부리나케 빠져나간 끝에서

노랗게, 빨갛게, 혹은 진보라로
지나는 바람들의 눈을 찔러라

* 발바닥 공원 : 방학동에 있는 공원이름.

물의 집

언덕 배기 저수지 그늘 아이스박스 위에서
재롱을 피우는 여자아이가 있었습니다

옆에는 엉겅퀴 가시 떼어낸 자리가 찌-익
늘어난 스웨타를 입고 입질 한 번 없는
낚시대와 한 몸이 된 남자가 있었습니다

소형 텐트 속에는 컵 라면을 후룩후룩 들이키며
혓바닥이 뜨거운 연인들이 있었습니다

경비정이 소용돌이가 있는 물가를 순시하고 있었습니다
햇살은 컴컴한 물밑 삶들을 들춰내고 있었습니다

한줌의 떡밥에 송사리떼 몰려다니고
남은 부스러기를 채가는 피라미 가족의 다툼도 있었습
니다

하늘을 지붕으로 이고 있는 그 물집에
세든 보조의자처럼 기우뚱거리는 삶들이 있었습니다

이스라엘 향어와 납작 붕어 물까마귀가
남의 일처럼 길게 하품하는 오후가 있었습니다

그 물결 속에 아무리 꺼내 말려도 눅눅한
풍경이 들어 있는 저수지가 있었습니다

열대야

찐득하고 눅진한 것이 목에 착 감기는 것을 보면 알죠
한밤 내내 얇은 홋청 이불이 엉기고 뒤척이는 것을 보면 알죠
말매미 소리가 쉽게 창틀을 기어오르는 것을 보면 알죠
식은땀을 흘리며 말갛게 고름 잡히는 땀띠만 봐도 알죠

그녀가 왔다는 것을

우리는 삐꺽거리는 마루바닥에 앉아
얼음 띄운 미숫가루를 마시고
시뻘건 수박을 쪼개며
수박처럼 둥근 삶을 이야기 하죠

누군가 선잠에 드는 사이

약 오른 고추는 단물이 들고
해바라기 씨는 까맣게 영글어 가죠

입산금지구역

이끼 낀 돌부처가 누워 있다
어디선가 카랑한 기침 소리
흠짓, 흔들리는 기와집 한 채

옆구리를 간지르며 흘러내리는
개울물

한도 끝도 없이 달아나는
푸른 능선

세한도

1월의 중간쯤
아침엔 영하 오후엔 영상
저녁엔 한파
추위가 옷을 입었다 벗었다 하는 동안
한강이 덩달아 얼음띠를 풀었다 조였다 하는 동안

철모르는
꽃망울이 입술을 내밀다 얼어붙는 동안
개울가 돌무덤 사이
선잠 깬 개구리가 깝쭉대며 들락거리는 동안
들 고양이가 뚱뚱해진 몸을 뒤룩거리며 지나가는 동안

새들이 눈덮인 벌판을 점 점 점…… 걸어가는 동안

앙코르 와트의 수상마을
— 뿌리

통통배를 타고 메콩강에 올랐습니다
강물은 진흙 빛으로 일렁거렸습니다

가만히 있어도 물줄기는 바다처럼 흔들렸습니다
어디에선가 떠내려 온 호박넝쿨
채송화 해바라기 왕개구리가
마을의 가슴팍으로 파고 들었습니다
오래된 기억이 집이 되고 나무가 되고
수상교회가 되고 철공소가 되고 생수가게가 되어 반짝거렸습니다

뿌리들은 기도와 해골로 뒤범벅이 된 흙탕물에서
잔뿌리를 내리느라
평생 물 밖으로는 나가보지 못했습니다

부평초도 살아남지 못한다는 더위가 가난이
제 꼬리를 수없이 잘라내며 흙탕을 만든 이야기를
저 나무는 알고 있을 것 같습니다

2부

밀회

밀회

승용차에 기름을 만땅 채우고
바다에 가고 싶다

갈매기 떼 이런저런 얘기를 물고 와
갯벌에 떨구고
등 굽은 소나무 허리에 긴 이야기 담긴 어촌에
가고싶다

이 생에 딱 한 번인 그를 만나
'풍덩' 던지고 싶다

촘촘한 그물망들이
문어발을 풀어 낚아채도
끝이 야문 성게 가시 찔러대도

꿈쩍 않으리

그와 나 한 물살에 몸 섞으며
깊이깊이 잠수 타고 싶다

바람 잘날 없는 그 해협에서
파도처럼 하얗게 늙고 싶다

연인의 거리

연인들이 사랑을 약속하고
서로의 이름을 자물통에 새겨 넣고 잠근 후
열쇠를 던져버린다는 깊은 협곡이 있었다

중국 원가계 천하제일교에
주렁주렁 매달린 쇠자물통들

사랑은 모두 녹 슬었다
막 사랑에 눈이 멀어 녹이 보이지 않는
소녀 하나가 고개를 들이밀며 묻는다

빈자리 있나요?

긁히고 패여 나가 허름하게 늙어가고 있는
붉은 협곡으로 떨어진 무수한 사랑들이
바람소리를 보내온다

맛있는 감옥

백도 복숭아 통조림을 열자
멍든 자국 하나 없는
우유 빛 얼굴들이 시럽 속에 잠겨있다

달콤한 칠흙 속에서 그들
꽃의 기억을 지우고 있었을까?
핏기가 없다

잘 절여진 태양이 중천에 떠 있다

염문

의자 옆에 내려놓은 보온병 속에서 커피가 보채기 시작한다
혀끝을 살짝 대기만해도 달큰하게 마음을 어지럽히는
저 검은 물이 끓는다
펄펄 끓는다

향기가 방안에 가득하다
그의 뜨거운 김에
혀를 빼앗긴 한 순간이

끓는다

배경

사진 속에는 떨어진 꽃잎들이 나무와 바위와 물 위에 흩어져있다
누군가 풍경화를 찍기 위해 갖다 놓은 것이리라

꽃잎들은 물에 떠서
물에 비친 자신들을 본다

물의 배경이 되고 있는 알몸의 햇살이
그들의 뼈와 살을 다 들춰내고 있다

햇살의 배경은 바위이고
바위의 배경은 가제이고
가제의 배경은 나뭇잎이고
나뭇잎의 배경은 하늘이다

짝사랑

비오는 날 딱 하루
야유회에서 마음 내려놓은 것뿐인데
고열과 기침이 따라왔네
고개만 살짝 돌려도
콜 - 록 콜록
터져 나왔네

눈알이 충혈되고
콧구멍에 단내가 났네

누워도 앉아도
막무가내 따라 다니는
짓궂은 승냥이 한 마리

자꾸 목구멍을 간지르네
같이 잠자며 뒹굴며 물고 빨았던
것들 다 토해냈네

마디마디 쥐어짜는 통증으로
그는 진한 키스를 남겼네

어린 쑥을 뜯으며

바람피우다 들킨 처녀 같다

머리칼 다 잘라내도
팔 다리 썩뚝 잘라도
찍 소리 없다

밖으로 잠긴 방문
창호지에 침 발라 따고
가시나무 담장 넘어 줄행랑치던 숨 가쁜 내달림
목이 잘려나가도 새 잎으로 돋을 것 같던 그 힘

간식

나는 간식을 좋아하죠
첨가물이 복잡하고 달콤한 것일수록 좋죠
부피가 작은 것일수록 좋죠

밋밋한 밥보다는
독도 되고 병도 되는
화끈한 애첩 같은 간식이 좋잖아요?

태풍 지나간 하늘같은
어느 푸르른 날
낯선 계단에 앉아
달콤 새콤 야릇한 맛을 오독거려 보세요

오오 그 폐허의 맛을
폐허의 식감을
먹어도 먹어도 질리지 않는
중독의 쓸쓸함을

더듬이

졸업한지 수년간 뜸하게 목소리로만 이어지던 그
1년 넘게 소식 두절되었던 그의 목소리가 수화기를 넘어 왔다

핸드폰이 물에 빠지는 바람에 연락할 수 없었다며 오늘 낮잠을 자는데
꿈속에서 누군가 불러주는 나의 전화 숫자를 받아 적었고
끝자리 한 자가 영 생각이 안나 애를 먹었다고 한다

거칠 것 없이 쭉 뻗은 코
화등잔만한 눈 다부진 어깨에
나 한때 마음 빼앗겼던 적 있었다
그의 말 한마디 한마디에 새처럼 매달린 적 있었다
귀에 수화기를 바짝 대고 그의 옛 모습을 찾고 있는데
둔해진 나의 귀는 잘 듣지 못한다
더듬이만 넝쿨식물처럼 뻗어 나간다

전화선을 따라 벽 속으로 들어간 넝쿨손이 쉬이 나오지 않는다

어느 캄캄한 벽 속에서 그들은 만난 것일까

이상한 이름

여러 번 만나도 기억되지 않는 이름
처음엔 낯설어서 그런가 했고
친하고 싶지 않은가보다
못마땅해서 그럴 거…

그러나 만날수록 멀어지다가
언듯 비칠 듯 하다가
도통 외워지지 않는 이름

저 안쪽 어디에 내치고 싶은 마음이?

그 이름……
한 번 불러보지도 않던 이름이
어느 날 문득 정수리를 툭툭 친다
내 앞에 가부좌를 튼다

그 이름 위에

내 이름을 엎어본다
ㄱ ㄴ ㄷ ㅏ ㅐ ㅣ ㅗ…
부호符號들이
포개지고 나동그라지고 벌떡 일어나더니
한 순간 눈을 맞췄다

별 것 아니었다

소리

무슨 물결인지 타고 출렁이는 꿈을 꾸다
침대 용수철 퉁겨지는 소리에 새벽잠을 깨다

위층서 청소기가 바닥을 벅벅 긁는 소리 들리다
자박자박 걸어내려 오는 물소리 들리다

소피아 궁전 모텔 간판이 붉다
트럭 하나가 요란하게 쇳소리를 내며 간다
십자가에 매달린 믿음, 소망, 사랑이
슬금슬금 뒷걸음치고 있다

우당탕 드르륵 달그락 톡톡톡 벅벅벅
자박자박 탁탁탁 슥슥 쏴-아

뭔가 창조 되고 있다
뭔가 쓸려나가고 있다

달거리

월경도 다 끝났을 여자들이
발바닥 공원을 두어 바퀴 돌아 뭉그적
스포츠 쎈타 지하1층 열탕 안으로 모여 든다

그러나 만난지 채 하루도 되지 않았을 그들의
이야기는 열탕보다 뜨겁다
탕 속에서 누가 방귀 뀌었냐고
어제 누가 부부싸움하다 열이 올라 숨졌다고
뉘 남편은 쓰러져 식물인간 됐다고
부글부글 끓는다

명주잠자리 날개 같던 월경의 시절은 갔다
열탕의 한가운데 앉아 부글거리며
가짜 월경들이 끓는다

풍경

애야,　하늘에는 꽃 같은 별들이 있고
　　　땅에는 별 같은 꽃들이 있단다

　　　밤마다 별들은
　　　꽃들에게 제자리를 내주고
　　　밤마다 꽃들은
　　　별들에게 제자리를 내주는 웃기는 마을이 있단다

　　　그래서 하늘에도 땅에도 강이 흐르는 아름다운
　　마을이 있단다

애야,　서해 IC를 끼고
　　　서행중인 자동차를 봐라

　　　바퀴와 바퀴 사이에 바다가 끼인 바다를 봐라
　　　김 서린 유리창을 후후 불어 문지르며
　　　형광 빛 커튼을 젖히며

화장을 고치다 화들짝 놀라는 꽃잔디를 봐라

자꾸 바람을 부르는 갯펄을 봐라
자꾸 지워지고 나타나고는
이상한 풍경들을 봐라

그녀

주식도 펀드도 모르던 그 여자
자동 인출기 안으로 통장 밀어 넣듯
오래 가지고 뒹굴어 모서리 하얗게 닳은 원고를
어느 출판사에 넣은 적 있다
경계 근무 중이던 형광 빛처럼 편집진들이
일시에 달려들었다
그들은 수많은 지문들이 박힌 쎈서를 찾아
최종 심사에 불러냈다

털끝 한 가닥만 잘못 건드려도 안면 바꾸는 자동 쎈서는
한동안 빛을 먹고 밀고 끌더니

'저희와 코드가 맞지 않습니다
해당 은행에 의뢰하세요.'

그들의 얇은 입술이
그녀의 전 재산을 밀어냈다

그날 그녀는 보이지 않는 날개를 떼어내고
열병을 앓던 시어들과 함께 전기고문 당했다

봄산에 끼어들기 1

그날 나는 봄산에 끼어들었네
털을 까칠하게 세운 송충이가 나의 길에 끼어들었네
멈짓멈짓 피했네
동그랗게 몸을 사리며 송충이 제 쪽으로 피했네
그 사이로 봄볕이 끼어들었네

나는 걸리적거리는 거미줄을 툭툭 치고
그는 동그랗게 말았던 몸을 길게 펴고
어디로든 갔네

햇볕 사이로 구름이 끼어들었네
그도 나도 문득 어두워졌네

봄산에 끼어들기 2

소문 듣고 무조건 나섰으리
풋내에 회가 동했으리
궁금한 것을 참지 못했으리
꼬리가 너무 가벼웠으리
사실, 끼어들지 않고 못 배기는 성질머리
얼결에 기어 나왔으리

아무튼 꿈틀댔네

거미줄에 길게 매달린 송충이처럼
나무뿌리 옆을 뱅뱅 돌았으리
반들반들 다져진 산길을 뱅뱅 돌았으리
몸에 털을 바짝 세운 벌레처럼
뼘을 재며 기어갔으리

힐끔거리며 주춤거리며 꿈틀거리며
쫓고 쫓기며 자꾸 끼어들었으리

벌레처럼 지나갔으리

봄산에 끼어들기 3

'어느 동네 사슈'
만난지 일 분도 지나지 않아
통성명을 하고
쉴새없이 중얼대는 중년의 여자들
목청을 한껏 높여 호들갑을 떤다
손바닥을 마주치다 못해
다리까지 번쩍 들어 올리며
전철보다 더 길게 수다를 떤다

사람들로 꽉 찬 전철 안
산지사방 둘러봐도
수다에는 관심 없는 표정들
그 분위기 아랑곳하지 않고
그녀들
북극과 남극 바렌츠 해
대서양 인도양을 맘껏 오간다
지하철이 요동을 치면 같이 요동을 친다

저 털퍼덕의 꼬리가 왜
꿀꿀한가
한판 붙어 보고 싶은가

아무도 비껴가지 못하는 이 허공 열차에 대하여

3부

고별

고별

내 속에 아직도 루비반지 같은 것이 주춤거린다
잠시 눈멀었을 뿐이다

古書

어느 고서점 창고에서 생을 다 보냈다는 그를
어렵게 데려왔다

먼지를 켜켜로 쓰고도
꼿꼿한 것 같았다
평온한 것 같았다

그러나

가만가만 짚어보니
닳은 속이 허황했다

오래된 얘기 속에
먼지며 어둠이며 귀신들의 냄새가
퀴퀴 했다

기산 저수지

승용차 한 대가 저수지 속으로 미친 듯이 달려들었어요
놀란 물길이 흩어지고 흙탕물이 일어났어요

자동차는 꼬리를 고래 등처럼 보이며
물속으로 점점 들어갔어요
한 사람인지 두 사람인지
푸우 푸우
물이 몇 번 숨소리 흘리더니
고요해졌어요

경찰들이 달려오고
죽은 남자와 살아남은 여자를 건져냈어요
그런데 왜 각기 다른 병원으로 옮겨졌냐고 구경꾼들이 수군거렸어요

이튿날 남자의 부인이라는 여인이 찾아와 따지듯 물었어요

차안에 동반자는 없었느냐고
정-말
혼자였느냐고

번개 같이 지나가서 볼 수가 있어야제

내 동댕이쳐진 평상 옆에서
소금쟁이가 뱅글뱅글 제자리를 돌리고 있었어요

수용소

창밖엔 생각 없이 키만 큰 미루나무가 서 있었다

천장에서 더운 물과 찬물이
번갈아 쏟아지는 샤워실이었다

75kg의 건장한 어른이
25kg으로 줄어야 비로소 죽을 수 있다는 곳
유골을 태워 비료로 쓴다는 곳

앞잡이의
채찍 같은 것이 공중을 떠돌고 있다

그는 그의 집을 닮았다

석가래가 드러나고 이엉이 썩어내려 뼈만 앙상한 집

마당에 잡풀포기 우거진 집

온몸에 호박넝쿨 휘감긴 집

큰 나무 그림자가 뒷걸음치며 주저앉은 집

빈집

빈집을 지키는 빈집

그림자

버티컬이 쳐져있는 창 뒤로
새 그림자 하나 비친다
뾰족한 주둥이에 큰 날개
덩치가 제법 큰 놈이다

놈을 보기 위해 버티컬을 휙 - 젖히자
놈은 감쪽같이 사라졌다
놈이 앉았던 창틀에
놈 보다 선명한 햇살이 앉아 있다

그날 나는 종일 새가 날아갔을 하늘을 보았다
햇살이 황금빛 날개를 펼쳐들고
맞은 편 산등성이를 넘어갈 때까지

바닷가

눈 오는 바닷가 모래밭에 신발 한 짝 엎어져 있습니다
누가 버린 건지, 잃어버린 건지 알 수 없습니다

밀물이 썰물을 엎고 엎어지며 철썩철썩
오고 있습니다

눈보라가 거세게 몰아칩니다

얼굴을 모래에 묻은 채 신발은 미동도 않습니다

그 신발 쪽으로
세찬 바람 지나갑니다
모래들이 하얗게 붙습니다

신발만한 무덤 하나가 생기는 중입니다

기차는 길어

나는 머리가 기네
머리만 긴 것이 아니고 팔 다리 허리 발가락까지 기네

긴 것은 기차라고
그가 말했네

플랫홈에 들어갔다 나오려면 500원짜리 표를 사 오라는
개찰구 승무원과 싱갱이를 하는 사이
그는 떠났네

목이 긴 신호등처럼 나는 붉게 켜져 있었네
나는 그저 기다란 기차 꽁무니에 대고
안녕, 했네

기차는
쇳소리를 내며 사라졌네

기다랗게

구멍 뚫린 나뭇잎

첫서리가 내리자 먼저
벌레 먹은 나뭇잎이 떨어져 내렸다
휑하게 뚫린 구멍이 중심을 잃고
꼭지째 떨어지며 고공낙하를 한다
바람이 슬쩍 건드려도
가볍게 엎어지고 제쳐진다

뼈가 드러나도록 얇게 갉아 먹힌
이파리를 끌고 간 벌레는
그것으로 제 집 지붕을 만들리라

상처 입고 몸 낮추니
하늘이 창이 되기도 하는 구나
구멍을 낸다는 것은
누군가의 거푸집이 된다는 것
하늘과 태양과 소통한다는 것

묘지

수리조합을 돌아 산 중턱에 자리한 묘지
그 아래 묵밭 길로
일 년에 한두 번씩 산 아래 소식들이
두런두런 걸어올 뿐
사철 인적이 없는 그 묘지

심심한 묘지는 혼자 꼬장을 부리다가
개미 취에 앉은 새끼 벌과 싱갱이나 하다가
머루송이나 툭툭 멍들게 하다가
그도 저도 지치면
수리조합 함석지붕이나 쾅쾅 두드려 보았다

연꽃

한파가 진을 친 들판입니다
논과 연못의 경계가 희미해진
얼음판입니다

꽝꽝 두드려도 굴러도 고함쳐도
요지부동인 얼음판입니다

영글다만 연꽃과 잡풀들이
추위에 잡혀있는 얼음판입니다

떠밀리지 않으려고
뽑히지 않으려고
몸부림치다 얽히고설킨 뿌리들과
피다가 만 꽃들이 얼음을 움켜쥐고 있는
얼음판입니다

레일바이크를 타다

레일바이크를 타고 가는 중이었습니다
목에 감고 있던 스카프가 떨어져 날아갔습니다
낮은 논배미 위를
물속의 해파리처럼 날아가고 있었습니다

무논 도랑을 살살 걸어 다니는
뜸부기 위로
개망초 무리 위로 날아갔습니다
찔레나무 가시 위로 날아 갔습니다
물에 빠진 산 그림자가 몸을 뒤척이는 위로
외길이 눈섶 하나 까딱 않고
녹슨 표지판 쪽으로 달려가는 위로

뒤로 뒤로 길을 밀어내며
덜컹덜컹
녹슨 시간들이 지나갔습니다

가을의 역사

햇살이 구름 속에서 낯가림을 한다
들국화가 향내를 지고 서성거린다
나비 한 마리 급하게 지나간다

스스스

억새들 몸을 비비는 소리
야윈 가지 끝을 도는 잠자리처럼

바람은 분다

찔레나무 열매가 천근만근 흔들린다
상수리 열매들이 천근만근 떨어진다
이 오후가 멀고 먼데
태양은 너무 멀리 있다

시듦병

이 나무는 시원찮네
지나가던 사람들이 말했다
껍질이 꺼칠하였다

여기저기 벌레 구멍이 있었다
파먹은 주둥이의 깊이만큼 깊어진 구멍으로
삐질삐질 벌레들의 시간이 기어 나왔다
희고 긴 몸
구멍 속은 희다

그 속에서
넓적 사슴벌레가 쉬어가고
동양 달팽이가 느물느물 다녀갔으리라
매미의 유종이 몇 날 며칠 똬리를 틀다 가고
중베짱이 명주 잠자리도 슬쩍 들렀으리라

그 구멍으로 바람이 들락거렸으리라
살갗이 까맣게 말라비틀어진 나무는
그저 제 가지나 툭툭 떨어뜨렸다

가락지

할머니 돌아가실 때 놓고 가신
세 돈 금가락지
닳고 닳아 반들거리는 그것

극한의 통증 잠시 가라앉을 때
숨을 헐떡이면서 찾던 그것

'내 반지가 어디 갔어?'

엄니! 엄니! 걱정 마셔요, 여기 빼놨으니.
하며 고모가 들고 있던 그것
알았다고 반지자국이 하얀 약지를 까닥이셨던 그것

나에게 왔다
아들 며느리 손주 다 물리치고
꼬질한 헝겊 주머니에 쌓여 왔다

나는 그것을 장롱 깊숙이
감추었다

할머니 귀는 당나귀

어느 날 아침 문득
쿵! 하고 세상 떨어져 나가는 소리가 들리더니
귀머거리가 되었다는 할머니

웃음이 많아서 별스럽지 않은 소리에도
눈물이 나도록 웃던 할머니
그 후
웃음이 사라졌다

호랑이 보다 무서운 서방님이 이유 없이 호통을 쳐도
앞치마 자락에 아이들을 숨긴
젊은 새댁이 서 있어도
표정이 없었다

쿵! 소리 한 번으로 할머니는
한줌 흙처럼 가벼워졌다

칭얼대며 달라붙은 구십 오년의 소리들을
조용히 귓바퀴 속으로 밀어 넣고
정적이 되었다

길목

산속 호수에 얼음이 녹기 시작한다
접근금지 표지판이 바람에 흔들린다

나무 꼭대기 새 소리가 뾰족하다
벤치와 벤치 사이
침묵이 어슬렁댄다

아지랑이도 개구리알도 없다

이따금 앓는 소리를 내며
얼음이 속을 보인다
꽝 어디선가 얼음 터지는 소리 들린다

벌레

산골에서 갓 올라온 옥수수 한 자루를 샀는데
자루 속에서 굵은 벌레 한 마리 기어 나왔네
푸른빛의 벌레는 무엇에 놀랐는지
몸을 동그랗게 말고 몸을 사리더니

산새 똥 같이 둥글리더니
수수대궁 같이 길게 펴더니
고구마순 같이 곰실거리더니

마루 바닥을 유유히 기어갔다
놀란 내가 옥수수자루를 떨어뜨렸네
그 사이 그는 어디로 갔는지 없네

어느 컴컴한 바닥을 기어
옥수수 밭으로 돌아가는 중인지
어느 컴컴한 곳에 새 둥지를 마련하는지

짐을 다 부린 트럭은 부르릉 거리는데

4부

바벨의 도서관에서 告하다

바벨의 도서관에서 告하다

그 도서관에 가면 오래된 고발장을 쉽게 들춰 볼 수 있습니다
두껍거나 얇거나 내용에도 관계 없습니다
이미 검증된 것들이기 때문입니다

개나리 주유소 기름 속에 개나리가 없다는 고발
폭설로 수십 시간 발이 묶인 차안에서 오줌보가 터졌다는 고발
밤길에 느닷없이 성 폭행한 놈에 관한 고발
자판기 커피 한 잔에 든 지나친 카페인의 양에 관한 고발
오지여행 간다고 예방접종 맞고 부작용 난 고발
지하 계단에 엎드려 구걸하는 고무다리 안의 진짜다리에 관한 고발
잡다한 일 버리고 계약위반으로 입적한 스님에 관한 고발

사람들, 수 세기째
잉크냄새? 절은 종이냄새? 아니 꿈꿈하고 비릿한

고발냄새를 들었다 놓았다 뺐다 끼웠다 썼다 지웠다
싱갱이 하는 중입니다

목차에 없는 것까지 꽉꽉 들어찬 그 도서관에서
나는

눈꽃

외양간 황소가 안채보다 더 커 보이는
옛집에 가고 싶다

묵은 먼지 함뿍 뒤집어 쓴 나무마차가 황소를 불러내
겨울을 끌고 가고
까만 소똥이 두툼 두툼하게 말라붙은 황소가
꼬리를 휘젓는

옛집에 가고 싶다

눈 오는 날 놈의 불룩한 배를 툭 - 툭 치면
떡가루같은 가루눈 날려 눈이 부시던
옛집에 가고 싶다

나는 그 길의 끝에 황소를 부려 놓고 도시로 나왔다
잡풀 한 포기 발 붙일 곳 없던 매끈한 길들 건물들
허기 들린 짐승처럼 아무에게나 속을

열어 주던 자동문들
복제인형 같은 사람들 틈에서

나는 늘 몸이 찼다
덧신을 신어도 발이 시렸다
툭하면 혓바닥에 백태가 끼고 물꽃이 돋아났다
따끔거렸다
황소 등처럼 넓게 퍼져나갔다

헛소리

술자리에서
그의 별명은 '빨리 와'다
소주잔 가득 부은 술을 입술에만 살짝 댔다 내려놓는
얍체족들도 얌전한 그가 헛소리 말고 빨리와
하며 술잔을 번쩍 들어 턱밑에 갔다대면
십중팔구 빼던 술잔을 부딪친다

한 홉도 되지 않는 소주잔을 부딪칠 때마다
메리크리스마스를 연발하며
문패도 번지수도 없는 주막에…
얼굴이 노래질 때까지 외치다
종래에 이해할 수 없는 양심선언까지 하던
그의 객기들

어느 별나라 이야기 같이 아리송한
소리들이 취해 소리쳤다
소리가 소리에 취해 해롱거렸다

사실 빨리 올 필요도 빨리 갈 필요도 없는
그 선술집
10밀리 통유리를 채 빠져나가지 못하는 소리들

그런 날 유리 밖에서는
확 확
별똥이 그었다

사이

문이 열리고

나는 이미 만원인 엘리베이터에 올라탔다
뭐 별 잘못한 일도 없이 부동자세로
서서 숨죽이며 그렇게
벌서는 사이

아는 얼굴쯤 얼척 없다는 듯
이어폰 속 음악에 맞춰 고개짓을 하는 신세대가 타고
삐-이 중량초과 경고음이 울려도
함지박 엉덩이를 들이미는
아줌마 사이에서

홀아비 옷냄새 싸구려 향수냄새
생선비린내까지 끼어들어
숨 막히는 사이

뱉어내면 들어차고 뱉어내면 들어차고
오늘따라 엘리베이터 속도
속이 아닌 사이

내가 싫어하는 8층 여자가 덜컥 올라타도
가는데까지 가야 할
아, 이 무슨…?

중독

나는 매일 아침 일찍 수영을 간다
물이 무서워 물을 찾아간다

물속에 들어가면
무조건 머리를 조아리고
내 쪽으로 조심스럽게 물을 당겨 어루다가
숨이 차면
일단 한 번 몸을 뒤집어
허공을 향해 푸우푸우
숨을 골라야한다고 그는 말했죠

그러나 나는 알죠
때론 양팔을 벌려 성난 사자처럼 발길질을 하며
앞으로 앞으로 나아가야 한다는 걸

물은 건드리지 않으면 제풀에 잦아들고
바람 없이는 성낼 줄도 모른다는 걸

문제는
끓어오르는 제 속을 다스리는 일이라는 걸

문제는 팔을 한껏 뻗어 그를 안아야 한다는 걸
한눈을 팔거나 제멋대로 놀거나
너무 고개를 쳐들다가는 헛물을 켠다는 걸
너무 자주 뒤돌아보아도 안 된다는 걸

그러나 오늘도 나는 여전히 그 앞에서 부딪치고 버둥대며
염탐하고 있다는 걸

쓰나미

푸켓바다는 흙빛이었다

사람들은 동물의 더듬이 보다 못한 직감으로

잎 넓은 나무 그림자가 모래사장 귀퉁이에
널부러져 있었다

TV화면 속 인간들의 전쟁에 골몰하느라
사람들은 바다가 한 순간 마음 바꾸는 소리를 듣지 못했다
찌그러진 깡통들이 요란하게 바람의 길로 달려가는 소리를 듣지 못했다

그는
광케이블보다 빠르게
바다 속을 흔들어 놓았다
전속력으로 질주하던 바퀴들이 한 순간 뒤집혔고
기지국들은 최첨단의 레이저로도 그를 감지 못했다

벌레들만 조용히
그들의 섬으로 가고 있었다

기울어진 조각배 옆에
야자수 열매들이 뒹굴고 있다
살아남은 것들 모두 나와
순간의 죽음을 끌어내고 있다
그가 새겨놓은 시뻘건 문신 위로
끈적한 더위만
밑그림처럼 어른거렸다

재고정리

문이 열리고 트럭이 들이 닥쳤다
장화 신은 인부가 마구잡이로 들어 트럭 안으로 떨어뜨렸다
모서리에 걸린 팔 다리에 상처가 났다
숨 쉴 틈도 없이 꽉꽉 채워졌다
이윽고 꽝
뚜껑 닫히는 소리

이 캄캄한 상자에 실려
우리는 어디로 가는가
트럭이 안전 턱을 넘는지 털컹
솟구치다가 떨어진다
피가 거꾸로 솟는다
허리 쪽이 휘고 있다

어딘가에 트럭은 서리라
그리고 우리는 또 하나 둘 던져지리라
어느 천공 속으로

한낮

개 짖는 소리 하나 없다

5일장 빈 보따리처럼

찢긴 원고지가 휴지통에 넘쳤다

비행기 안에서

버터냄새와 마늘 냄새가 부산을 떨며
국경을 넘는다
기류가 흔들릴 때마다
크고 작은 욕망들이
기우뚱거린다
별빛이 반딧불 같다
구름 정원을 걷는 사람처럼
환상이 창밖에 있다

콩알만한 지상의
흔적들이 자꾸 따라온다

폭포

200mm이상 폭우가 쏟아져야 나타나는 폭포가 있다
골짜기를 먹어치우며
절벽을 한걸음에 뛰어내리며
제 꼬리를 산등성이까지 튕겨 올리며
수많은 원추리 목 따위는 단숨에 꺾어 놓는 폭포가 있다

한 여름 무더위를 배낭에 넣고 계곡을 올라 보라
질펀히 널부러진 나무들
펄떡거리는 청개구리들
거미줄에 걸려 꼼짝 못하는 벌레들
잘못 든 길에서 숨차게 울어 젖히는 맹꽁이
(물안개, 데이지,두란두란,)
등산객처럼 서로 닉네임을 부르며 산을 올라보라
수직으로 내리 꽂히는 이야기들처럼
내달리고 깔아뭉개고 휩쓸며
기세등등해 보라

꼬리에 꼬리를 물고 내가
어디로 가는지

경계는 힘이 세다

첫 휴가 나온 아들을
부대 안으로 들여보낸다
마음은 경계를 모르나
경계는 힘이 세다

부대 앞에는 원조부대찌개가 냄비 안에서
뜨겁게 끓고 있다

기차가 지나가고
개망초들이 뽀얗게 흔들린다

나는 개망초 꽃 옆에
아들은 저 경계의 안에 있다

바람은 경계가 없다

청사과

한입 베어물다 오만상을 찡그리며
뱉어 버려지는 일은 일도 아닌
시고 떫은 청사과

햇볕의 눈초리가 따갑다

눈총 받고 자란 놈 야물다고
야문만큼 낯이 두껍다고
뚝지고 살지다고
실하고 때깔 좋다고
단내 오지게 퍼트린다고

불쾌하게 익은 것들 말하지만

이리 치이고 저리 치이는 설익은 것 속에도
시고 떫은 그 속에도
몰래 '징' 박아 놓은 씨 여럿 있으니

물리고 씹히는 건 일도 아닌 것도
아닌

마을버스

마을버스는 오늘도 피-익 피-식
이상한 소리를 내며 달리네
무엇이 복받치는지 울컥울컥 하네
가던 길 멈추고 푸 - 한숨을 돌리다 다시 가네

라디오에선 뽕짝이 열창인데
아랑곳 않고 이어폰을 끼고 음악을 듣는 사람
서 있는 사람 옆 사람과 수다 떠는 사람
하품하는 사람

버스가 휘청하네
안테나가 찌- 이익 앙탈이네
이번 정거장은 방학3동 동사무소 앞입니다, 다음은
신동아 아파트 16동입니다.
낭낭한 목소리만 차안을 돌아다니네
요구르트회사를 지나 도깨비시장 골목을
요리조리 통과하고 있는 이 버스

강남에서 집 한 채 팔아 가지고 이 동네 여러 채 사서
월세 받아먹고 산다고 덜커덩거리네
어느 골목에서 피- 식 김을 빼고
막 언덕 위로 얼굴을 밀어 올리는 버스가 안간힘을 쓰고 있네

끄르릉 - 끄르릉…

짐

그들은 이삿짐이 되어 옮겨지다가

무겁다고 퉁박을 받는다
겉보기에는 멀쩡해도
자세히 보면 속이 다 상한 것들이
오랜만에 푹썩푹썩 먼지를 뱉고 있다

장도리 드라이버 드릴 가위 몽키스패너 집게…
떼어내고 쑤셔내고 머리통을 잡아 뽑아도
좀처럼 끌려나오지 않는 것들

곤도라에 실려 고가사다리로 내려간다
간신히 매달렸던 것들은 아찔 떨어지기도 한다

뒤에서 연신
부시럭 부시럭
짐들이 들이 닥치고

짐칸은 만원인데

누가 언제 왜 어디로
가는 길인지 아무도 모른 채

정오

눈곱만 한 그늘도 다 들춰내며
속살을 꿰뚫을 것 같은
그가 지금

나무들이 숨겨놓은 그늘을
뒤지고 있다

뒤져도, 뒤져도
천지에 그늘 한 점 없다

수세미

철 다 지났는데
한 놈만 낯색을 바꾸지 않는다
영글었는지 설었는지 속을 알 수 없다

독한 놈!
넝쿨 아래 것들이 빤히 올려다 본다

한철 실했던 꽃잎들 다 떠난 자리
길쭉하니 그저 영글다 만 것
바람도 불지 않는데 디룽디룽 흔들린다

허공에 후달리는 저 멍투성이

기댈 데도 붙들 데도 없이
설익은 몸에서 독기 우려내는 저것
절대 입 대서는 안될
나쁜 육질!

잔

잃어버린 줄도 몰랐던 祭器 잔 하나가
전설 속의 까마귀 모양을 하고
뒤 베란다 하수구에 처박혀 있었다

저 구석에서 그는 한때
거미줄에 칭칭 감겨 긴 어둠에 들었구나

버려진 술잔의 시간이 푸르스름 녹슬어 있다
윤기 흐르는 목기들에 밀려
구석으로 밀려난 것

밥은 굶어도 삭은 이엉처럼 엮여 살자던
식솔들이 어른거린다

무명이불 속에
올망졸망한 다리 들이밀며
서로의 체온에 기대던 피붙이들을

창호지 같은 희망 속의 날들을
철수세미로 박박 문지르며
그 둥그런 윤회의 샘에
가득히 술을 따라 제를 올린다

소리들

밤 1시
문을 다 걸어 잠가도 들린다
TV 심야영화 신음소리
위층에서 누군가 걸어 다니는 소리
문 여닫는 소리
밤참 먹는 소리

저 귀신들
제발 잠 좀 자자고 기도했더니
이번에는 벌떡 일어나 불을 켠다
책을 편다
컴퓨터를 켠다
뻐꾸기시계처럼 뻐꾹뻐꾹 운다

말매미처럼 자지러진다

해설

침묵들

이경림 시인

침묵들

이경림 시인

1 침묵들

박경림은 평소 별로 말이 없다. 그녀는 사람들이 말할 때 대개는 그저 우두커니 듣거나 조금 웃어 보일 뿐 자신이 나서서 말하기를 좋아하지 않는다. 그를 안지 10년이 훌쩍 지났지만 나는 그가 깔깔거리며 여자들의 수다에 끼어드는 것을 별로 보지 못했다. 낯가림이 심한 편인 그는 적지 않은 세월을 알고지낸 나를 아직도 어려워 한다. 그런 자신의 성격처럼 그녀의 시도 말이 별로 없다. 침묵이다. 침묵에서 어찌어찌 말쪽으로 조금 건너온 듯한 시 속에 그녀는 최소한의 언어만을 기입한다. 말의 자리에 독자가 개입할 자리를 마련해 두었다고 할까? 한마디로 그녀의 시는 마치 르네 마그릿의 그림처럼 말보다 여백이 훨씬 크다. 그 시들을 가만히 들여다보면 침묵으로 그린 풍경의 내부 같다는 생각이 든다.

그러나 그녀의 시에는 평소 말이 없는 시인들의 작품에서 종종 발견할 수 있는 이상한 뒤틀림이나 분노같은 거친 감정의 분출은 없다. 다 태우고 남은 재로 내려진 기름처럼 맑고 고요하다.

막스 피카르트는 모든 자연은 형상화된 침묵들이라고 말했다. 형상은 말하는 침묵이며 그것들은 침묵으로부터 말로 가는 도정의 정거장이라 했다. 형상은 말과 침묵 사이의 경계에 서 있다고. 그곳은 말과 침묵이 대치해 있는 긴장의 최전선이지만 그것들이 아름다운 것은 美에 의해 용해되어 있기 때문이라 했다. 그렇다면 시인은 그 침묵의 말들을 읽어내고 받아쓰는 필경사들이 아닐까?

생각해 보면 침묵은 말의 이전이며 현상의 이전이기도 하지만 말의 이후 현상의 이후의 얼굴이기도 하다. 가지가지 모양의 시간들이 들끓고 지나간 뒤 오래 가라앉은 침묵은 염전의 소금처럼 아름답고 눈부시다.

푸카키 호수
가만히 들여다 본다
만년설이 밀려와도 기포 하나 일지 않는다는 곳

하늘이 내려와 둥지를 틀었다
죽어도 행복한 양떼와 젖소와
녹지를 기웃거리는 사슴들

아름다움은 저리 서럽다
눈이 부시다
—「푸카키 호수의 침묵」 전문

푸카키 호수의 그림 같은 침묵과 평화로움이 보이는 듯한 이 시에서 화자의 행위는 호수를 가만히 들여다보는 일뿐이다. 그러나 사실 그대로를 그린 이 시가 아름다운 것은 하늘을 품고 있는 호수와 양떼와 사슴 혹은 젖소 같은 존재들이 침묵으로 말하고 있기 때문이다. 그녀는 그저 아름다움은 저리 서럽다고, 눈부시다고 가만히 중얼거려 볼 뿐이다. 침묵 속에서는 서러움도 눈부심도 동격이다.

애야, 하늘에는 꽃 같은 별들이 있고
땅에는 별 같은 꽃들이 있단다

밤마다 별들은
꽃들에게 제자리를 내주고

밤마다 꽃들은
별들에게 제자리를 내주는 마을이 있단다

그래서 하늘에도 땅에도 강이 흐르는 아름다
운 마을이 있단다

애야,　서해 IC를 끼고
서행중인 자동차를 봐라

바퀴와 바퀴 사이에 바다가 끼인 바다를 봐라
김 서린 유리창을 후후 불어 문지르며
형광 빛 커튼을 젖히며
화장을 고치다 화들짝 놀라는 꽃잔디를 봐라

자꾸 바람을 부르는 갯펄을 봐라
자꾸 지워지고 나타나는
이상한 풍경들을 봐라

—「풍경」 전문

위의 시는 차를 타고 서해안을 달리며 보이는 풍경을 딸에게 이야기 하는 방식으로 쓴 것이지만 이상하게도 그 속에서 우리는 자동차의 소음이라든가 사람들의 이야기같은 문명의 소음들을 들을 수 없다. 마치 무성영화의 한 장면처럼 풍경들은 침묵으로 스칠 뿐이다. 서해안을 끼고 줄줄이 달리는 자동차들도 그림처럼 고요하고 바퀴 사이에 끼인 바다도 파도소리 하나 없이 고요하고 차안에서 화장을 고치며 얼핏 스쳐가는 여인도 환영처럼 고요하다. 그곳을 그녀는 "하늘에는 꽃 같은 별들이 있고/ 땅에는 별 같은 꽃들이 있는 마을"이라 말한다. 그곳은, "밤마다 별들이 꽃들에게 제자리를 내주는" 곳이며 "꽃들이 별들에게 자리를 내주는 마을"이기도 하다. 그래서 하늘에도 땅에도 강이 흐르는 곳이라고 그녀는 말한다.

사실적으로 별과 꽃은 천문학적 거리에 있는 존재들이다. 그러나 그의 시 속에서는 그런 인간들의 거리 따위는 문제가 되지 않는다. 멀다, 가깝다 하는 삼차원적 논리가 아니라는 말이다. 고요라는 초월적 공간 속에서 규정된 모든 관념의 틀을 벗어난 존재들에게 사실 자리라는 게 따로 있을 것 같지는 않다. 그러므로 서로의 자리를 내 주는 일은 어려운 일이 아니리라. 언듯 보면 관념적 이야기 같지만 눈여겨보면 이 구절은 이승에서 존재하는 꽃과 별들의 리얼리티라는 걸 알 수 있다. 그리고 그것들은 우리 안에 내재된 풍경의 내부이기도 하다.

다음 시에서 우리는 어느 날 문득 귀가 멀어버린 할머니의 사연을 통해 생의 온갖 소음의 자리에 들어선 거대한 침묵의 무게를 볼 수 있다.

어느 날 아침 문득
쿵! 하고 세상 떨어져 나가는 소리가 들리더니
귀머거리가 되었다는 할머니

웃음이 많아서 별스럽지 않은 소리에도
눈물이 나도록 웃던 할머니
그 후
웃음이 사라졌다

호랑이보다 무서운 서방님이 이유 없이 호통을 쳐도
앞치마 자락에 아이들을 숨긴
젊은 새댁이 서 있어도
표정이 없었다

쿵! 소리 한 번으로 할머니는
한줌 흙처럼 가벼워졌다

칭얼대며 달라붙은 구십 오년의 소리들을
조용히 귓바퀴 속으로 밀어 넣고
정적이 되었다

—「할머니 귀는 당나귀」 전문

이 시에서도 시인은 할머니의 구십 오년을 구구절절 말하지 않지만 호랑이보다 무서운 남편과 짐작컨대 시앗이었을 것 같은 젊은 새댁, 그녀가 몰래 낳고 기른 아이들을 등장시킴으로서 할머니의 일생이 결코 녹녹치 않았음을 보여준다. 할머니의 침묵은 어쩌면 그런 모진 생의 통과의례를 거치는 동안 얻어진 가슴 아픈 세계에 대한 반어적 표현인지도 모른다. 그렇게 보면 '쿵' 하는 소리가 주는 메타포는 크고 슬프다. 세상이 떨어져 나가는 듯한 충격의 터널을 지나서야 비로소 할머니는 온갖 생의 끄달림으로부터 자유로워질 수 있었는지도 모른다. 세계를 다 내려놓고야 비로소 찾은 유일한 자유가 침묵이었다니!

그러나 人間과는 달리 자연은 침묵 그 자체로 생겨나 침묵으로 서로가 서로의 배경이 되어 살다 간다는 점에서 훨씬 原形的이다.

꽃잎들은 물에 떠서

물에 비친 자신들을 본다

물의 배경이 되고 있는 알몸의 햇살이
그들의 뼈와 살을 다 들춰내고 있다

햇살의 배경은 바위이고
바위의 배경은 가제이고
가제의 배경은 나뭇잎이고
나뭇잎의 배경은 하늘이다
—「배경」 부분

이 시에서 그녀는 꽃잎-물-햇살-바위-가제-나뭇잎-하늘 등 자연을 자연이게 하는 온갖 존재들과 그들의 삶의 구조적 질서를 보여주고 있는데 찬찬히 보면 그중 무엇 하나 서로 기대고 있지 않은 것이 없다는 것을 알 수 있다. 물의 배경이 알몸의 햇살이듯이 바위의 배경이 가제이듯이 햇살의 배경이 바위이듯이 나뭇잎의 배경이 하늘이듯이 천지만물은 모두 누군가의 배경이며 서로의 존재의 근원이기도 하다. 그렇게 보면 이 별에 잠시 같이 흔들리는 森羅萬象은 얼마나 끈끈하고 눈물겹게 얽혀 있는 존재들인가?

2 서정, 그리움

그녀의 침묵 속에는 까마득 잊고 있던 옛집 같은 서정이 있다. 전혀 낡지 않은, 잘 삭은 집 같은 무엇이 있다. 언젠가 안국동에서 삼청동으로 오르는 고즈넉한 골목 어귀에 서 있는 족히 100년은 되었음직한 낡은 목조 건물을 본 적이 있다. 현관 입구며 마당까지 책 묶음들이 쌓여 있는 그 건물은 삭은 나뭇결이며 헐은 벽, 낡은 지붕에 내려앉은 햇빛이 마치 100년쯤 시간을 거슬러 어느 낯선 골목에 서 있는 듯한 착각에 빠지게 했다. 그것은 분명 아름다움이었다. 만약 아름다움을 형상으로 빚어 놓는다면 저런 것이 아닐까? 하는 생각이 잠깐 들기도 했으니까. 지금 생각하니 그때 그 집이야 말로 형상을 빌려 하는 침묵의 말이 아니었을까?

언제부턴가 서정시보다는 철학적 관념을 바탕으로 한 思辨的인 시들과, 기발한 상상력을 바탕으로 한 전위적인 시들이 이 시대의 아이콘이 된 것은 사실이다. 그 속에 무엇이 있길래 문학이 그 쪽으로 기울고 있을까 정색을 하고 읽다가 어질어질한 머리를 잠시 쉬려 할 때 문득 이런 서정을 만나면 반갑다. 마치 압구정이나 청담동거리를 어슬렁 걸어가는 황소 한 마리를 보는 것처럼 신기하고 신선하다. 그녀의 시 「눈꽃」이 그랬다.

외양간 황소가 안채보다 더 커 보이는
옛집에 가고 싶다

묵은 먼지 함빡 뒤집어 쓴 나무마차가 황소를 불러내
겨울을 끌고 가고
까만 소똥이 두툼 두툼하게 말라붙은 황소가
꼬리를 휘젓는

옛집에 가고 싶다

눈 오는 날 놈의 불룩한 배를 툭 - 툭 치면
떡가루같은 가루눈 날려 눈이 부시던
옛집에 가고 싶다

나는 그 길의 끝에 황소를 부려 놓고 도시로 나왔다
잡풀 한 포기 발 붙일 곳 없던 매끈한 길들 건물들
허기 들린 짐승처럼 아무에게나 속을
열어 주던 자동문들
복제인형 같은 사람들 틈에서

나는 늘 몸이 찼나

덧신을 신어도 발이 시렸다
툭하면 혓바닥에 백태가 끼고 물꽃이 돋아났다
따끔거렸다
황소 등처럼 넓게 펴져나갔다

—「눈꽃」 전문

마치 꿈속 같기도 한 이런 장면을 본 것이 언제였던가? 모두가 가난했던 시절, 분명 냄새나고 비루했을 어느 한 때가 왜 이리 문득 눈부시게 반짝거리는가? 독자를 황소의 배를 툭툭쳐서 날린 차고 뽀얀 눈가루 속에 아득히 서 있게 하는 시. 소똥이 두툼두툼 말라붙은 꼬리를 천천히 휘젓는 황소가 죽은 아버지처럼 그리워지게 하는 시. 단 몇 줄의 사실적 묘사가 까마득 잊혀진 어느 공간을 이렇게 비현실처럼 아득하게 할 수 있나니! 이것이 시의 매력이리라.

이 시에서 시인은 다만 황소 한 마리가 서 있는 기억 속의 외양간을 그리고 있지만 독자에게는 그 공간이 꿈속처럼 아름답게 느껴지는 것처럼 모든 현상은 3차원과 4차원을 동시에 드러내고 있다.

그러므로 한 그루의 나무는 한 그루 나무의 가장 아름다운 메타포이며 그것은 저편(4차원)과의 상호 귀속적 관계의 사실적 드러냄이라 할 수도 있을 것이다. 다시 말해 現

在 속에 잠시 현현되는 모든 현상은 4차원의 동시적 발현이라 할 수 있을 것이다. 원래부터 갖고 있었으나 잊고 살던 그것들이 문득 고개를 내밀 때 시인은 미친 듯 시를 쓰고 작곡가는 아름다운 음악을 만들고 화가는 그림을 그리리라.

그때 방금 전까지 평범했던 존재들은 믿기지 않을 정도로 신비로운 현상이 되어 아득하고 낯설게 현현되고 참을 수 없이 명징한 어떤 未知가 되어 어느 불가해한 시간 속에서 어른거리는 것이니, 시란, 아니, 예술이란 얼마나 不可思議한 徵候들인가?

그러나 그런 발견을 할 수 있는 사람들은 그야말로 소수에 지나지 않고 대개의 경우 아이러니하게도 이곳은 수용소와 다르지 않다고 사람들은 생각한다.

창밖엔 생각 없이 키만 큰 미루나무가 서 있었다

천장에서 더운 물과 찬물이
번갈아 쏟아지는 샤워실이었다

75kg의 건장한 어른이
25kg으로 줄어야 비로소 죽을 수 있다는 곳

유골을 태워 비료로 쓴다는 곳

앞잡이의
채찍 같은 것이 공중을 떠돌고 있다
—「수용소」 전문

위 시는 독일 관광길에 본 유태인 수용소를 그린 시인 것을 누구나 눈치 채겠지만 눈여겨보면 우리는 그곳이 우리가 숨쉬고 살아가는 이승의 다른 이름이라는 것을 알 수 있을 것이다.

그렇다. 창 밖에는 늘 생각 없이 키 큰 나무들이 서 있곤 했다. 더운 물과 찬물이 번갈아 쏟아지는 샤워실이 있었고 75킬로그램의 몸이 25킬로그램으로 줄어야 비로소 죽을 수 있는 곳이 이곳이다. 그러나 인간이 어리석은 것은 공중에 떠도는 앞잡이의 채찍을 보지 못한다는 점이리라. 그런 어리석고도 무모한 인간의 생을 한마디로 말하라면 뭐라 해야 할까? 그 길이는 과연 무엇에 비유해야 할까? 그 추위는? 그 아픔은? 그 천방지축의 희망은? 절망은? 대체 무엇에 비유해야 할까? 그녀는 생을 계절로 말하면 조석의 기온의 차가 심한 1월의 중간쯤에 해당될지 모른다고 다음과 같이 말하고 있다.

1월의 중간쯤
아침엔 영하 오후엔 영상
저녁엔 한파
추위가 옷을 입었다 벗었다 하는 동안
한강이 덩달아 얼음띠를 풀었다 조였다 하는 동안

철모르는
꽃망울이 입술을 내밀다 얼어붙는 동안
개울가 돌무덤 사이
선잠 깬 개구리가 깝죽대며 들락거리는 동안
들고양이가 뚱뚱해진 몸을 뒤룩거리며 지나가는 동안

새들이 눈 덮인 벌판을 점 점 점…… 걸어가는 동안
—「세한도」 전문

이 모든… 동안들이 생이라니. 철모르는 꽃망울이 입술을 내밀다 얼어붙는 그 짧은 사이가 생이라니! 들고양이가 뚱뚱해진 몸을 뒤룩거리며 지나가는 동안이 생이라니! 그러나, 그리하여, 그러므로, 우리는 영문 모르고 냉장고 사이를 기어가는 개미처럼 이 휑한 세한도 속을 지나가는 한 침묵일 뿐이니.